L'acquisto di questo volume contribuisce
a sostenere il progetto "SolidAfrica"
a favore delle donne e dei bambini
di Séguénéga, in Burkina Faso.

Le fotografie presenti in questo volume
sono state scattate nel villaggio di
Séguénéga fra il 2004 e il 2005.

DAMIANI©2006

Damiani Editore
Via Zanardi, 376
Tel. +39.051.6350805
Fax +39.051.6347188
40131 Bologna - Italy
www.damianieditore.it
info@damianieditore.it

Coordinamento
Giuseppe Villirillo

Layout
Lorenzo Tugnoli

Revisione testi
Cosetta Venturi

**All photographs
used by permission**
© Susanna Venturi

Testi
© Marco Aime
© Giobbe Covatta
© Andrea Milesi
© Susanna Venturi
© Alex Zanotelli

Susanna Venturi

Yidgri
s'en sortir

Testi di
Giobbe Covatta
Alex Zanotelli
Marco Aime

DAMIANI

Ero ancora piccolo, seduto in un banco scolastico, quando la mia maestra, l'anziana signorina Sarcinella, mi chiamò con voce gentile: "Covatta, vieni alla lavagna!"

Io timidamente mi alzai e mi avvicinai alla lavagna con l'entusiasmo di un condannato a morte.

La maestra mi esortò: "La lezione di oggi è sul Burkina Faso. Cosa mi sai dire?".

Io cercai di improvvisare: "Cosa dire di questo grande poeta turco, quest'uomo geniale che..."

"Ma cosa dici?" trasalì l'anziana signorina Sarcinella, e io con aria stupita:

"Non è un uomo? Una donna allora?"

"Ma quale donna!" sbottò la maestra. E io impavido:

"Una danza popolare ungherese?"

La maestra alzò gli occhi al cielo.

"Una tisana cinese per i calli?... Un piatto tipico cileno?"

Era la mia ultima speranza, ma dall'espressione della maestra ebbi l'intuizione di aver sbagliato ancora una volta.

"Non potrei avere un aiutino?" chiesi allora con voce piagnucolosa.

"Stiamo parlando di geografia", mi spiegò paziente la signorina Sarcinella.

Tutto questo non mi suggeriva niente di buono, ma impavido continuai:

"Ma certo, ora ricordo! Il Burkina Faso si trova sul nostro pianeta e confina a nord con la Lombardia, a sud con la Sicilia, a Est col mare e a Ovest con i monti..." A quel tempo ogni interrogazione di geografia cominciava con i confini e io così feci, tenendomi un po' largo per non sbagliare. Poi continuai, sotto lo sguardo avvilito e rassegnato della povera signorina Sarcinella:

"Questo posto si raggiunge in vari modi: io suggerisco di prendere il 38 barrato, perché il taxi è caro e non si trova mai, ma chi ha la macchina può andarci da solo, basta che si ricordi di girare la prima a sinistra e di non mettersi in viaggio di giovedì se ha la targa pari."

La maestra chinò la testa sulla cattedra e io, prendendo erroneamente il gesto per un assenso, andai avanti rinvigorito. Era il momento dei prodotti tipici, e su quello andavo forte perché tanto erano sempre gli stessi:

"Il Burkina Faso è grande produttore di grano, cereali, petrolio, carote, tabacco, pizza margherita e tessili, che i Burkina Fasesi, o Burkina Fasani che dir si voglia coltivano in maniera intensiva..."

La maestra sospirando mi interruppe: "E il caffè?"

Io mi illuminai: "Glielo prendo subito, quanto zucchero?"

Per la prima volta la signorina Sarcinella alzò la voce, stranamente stridula: "Covatta, parlo del caffè che si coltiva in Burkina Faso, io non voglio il caffè!" E io:

"In effetti forse è meglio una camomilla, la vedo un po' nervosa..."

Una piccola lacrima solcò la guancia incipriata dell'anziana signorina Sarcinella e ancora adesso, quando ci ripenso, mi si stringe il cuore: per la povera signorina Sarcinella, e per gli abitanti del Burkina Faso, a me così terribilmente sconosciuti.

Da allora sono passati tanti anni: la signorina Sarcinella non c'è più, ma l'Africa è ancora lì, sconosciuta e ignorata dai più. E non parlo solo di scolari: purtroppo, quando si parla di Africa, pochi sanno di cosa si sta parlando.

Questo libro non offre certo la soluzione del problema, ma rappresenta un piccolo passo avanti: quando si riuscirà a conoscere meglio l'Africa forse si riuscirà anche ad amarla.

Auguro a Susanna e a questo libro la fortuna che merita, ma soprattutto auguro una grande fortuna a tutti coloro cui questo libro è dedicato.

Giobbe Covatta

Non sono mai stato in Burkina Faso, ma ho conosciuto tanti Burkinabé: è uno dei popoli che più mi ha affascinato in Africa. Un popolo meraviglioso: la loro dignità, la loro serenità, la loro capacità relazionale. Straordinari.

Queste fotografie, raffiguranti le loro donne, mi hanno colpito molto: mi fanno pensare al fatto, è certo, che sono proprio le donne il cuore della società africana, il cuore del Burkina Faso. Mi piace che Susanna, da donna, abbia evidenziato questo aspetto. C'è una femminilità in Africa che deve essere sottolineata, capita. L'Africa non rimarrebbe in piedi se non fosse per le sue donne. Ricordiamoci che l'Africa è la nostra madre, è la madre di tutti i viventi.

Il libro nasce con l'intenzione di sostenere un progetto che cerca di aiutare questo popolo, o almeno il villaggio di Séguénéga: ed è molto bello vedere degli Europei, degli Italiani aprire le finestre del mondo, aprirsi alle sofferenze dei fratelli, assumere la sofferenza dell'Africa. Queste persone fanno nascere tante cose belle in giro per questo Continente: cose semplici, povere, lontane dai progetti faraonici delle grandi istituzioni. Penso che le piccole realtà siano molto importanti e debbano crescere sempre di più: dare una mano, tessere relazioni personali, dare dignità alle persone e ai volti da parte di piccole organizzazioni dove quel poco che si raccoglie va davvero a beneficio diretto delle persone. Nell'ottica dei piccoli progetti, però, bisogna ricordare che il rapporto a tu per tu è importante, ma questi non servono se non sono parte di uno sforzo collettivo, uno sforzo che dobbiamo fare tutti, politico ed economico: la grande cooperazione internazionale dovrà ripensarsi radicalmente, incominciare a capire che non risolverà i problemi con gli aiuti pubblici del cosiddetto sviluppo, anche quello Italiano.

Penso ai grandi organismi internazionali, alla Fao, all'Alto Commissariato per i Rifugiati, dove la gran parte dei fondi vengono spesi per mantenere la struttura, dove la gente ha stipendi da film, dove i funzionari vivono in ville o luoghi bellissimi mentre tutto attorno a loro c'è miseria. Stiamo vivendo momenti di un macello totale e il sostegno internazionale deve essere radicalmente pensato su altre basi per permettere ai poveri di rimettersi in piedi, non per dare a noi altri benefici.

Le tragedie di questi popoli sono dovute in buona parte a problemi di struttura economico-finanziaria: hanno anche loro le loro responsabilità, sono io il primo a riconoscerlo. In Africa, ad esempio, ci sono governi corrotti. Ma chi corrompe chi? Ci sono borghesi che hanno sempre di più e sono sempre più separati dalle masse popolari, per non parlare delle violazioni dei diritti umani e dei governi, che spesso non sono governi, ma guardano soltanto a se stessi. Ma forse noi siamo in grado di fare delle lezioni ai Paesi del Sud del mondo?

Dicevamo che non risolveremo con la carità i problemi di questi popoli: ci vogliono decisioni politiche, ci vuole uno sforzo mastodontico per l'Africa. Qualcuno ha parlato di piano Marshall: dobbiamo *uscire fuori* da certe logiche, dobbiamo prendere decisioni sul debito. Questo può fare davvero la differenza: il debito ammazza, uccide, deve essere totalmente cancellato, senza "se" e senza "ma". C'è bisogno, quindi, di lavorare a livello economico, finanziario e politico.

Dato che questo libro racconta del Burkina Faso, è importante ricordare la grande figura che ci ha insegnato questi principi, e che veniva proprio dal Burkina Faso: Thomas Sankara salì al potere nel 1984 e dopo solo tre anni di governo una raffica di mitra mise fine alla sua avventura. Era un uomo eccezionale, pur essendo militare, e rimane oggi una delle figure più belle dell'Africa. Quello che aveva visto e che aveva tentato di fare è semplicemente straordinario. Prima di tutto perché ha dato un esempio: viaggiava con la sua piccola automobile che egli stesso guidava, andava in giro nei villaggi, incontrava la gente e si rendeva conto personalmente dei problemi. Insisteva molto sul principio di ritornare a vivere "all'Africana", con uno stile di vita più semplice, più sobrio. E anche noi dobbiamo cercare di vivere all'africana, perché è il solo modo di vivere liberamente, il solo modo di vivere degnamente. In occasione dell'ottava conferenza dei Paesi non allineati ad Harare, Sankara aveva detto: "il mondo è diviso in due campi antagonisti: gli sfruttatori e gli sfruttati" e ancora, nel 1986 ad Addis Abeba, parlando del debito dei Paesi africani disse: "Quelli che ci hanno prestato il denaro sono gli stessi che ci hanno colonizzato, sono gli stessi che hanno gestito i nostri Stati, le nostre economie. Loro hanno indebitato l'Africa, noi siamo estranei alla creazione di questo debito e quindi non dobbiamo pagarlo". Sono queste le vere decisioni che aiuteranno i poveri ad uscire dalle loro strettoie, su questo Thomas Sankara era di una lucidità incredibile. Il debito estero è un circolo vizioso, per cui è impossibile uscirne da soli. Nel suo famoso discorso alle Nazioni Unite aveva affermato: "la vergogna deve finire. Il nuovo ordine economico internazionale può essere raggiunto solo se siamo capaci di fare a pezzi il presente ordine che ci ignora." E per fare questo invitava i paesi africani a seguirlo: "noi non possiamo accompagnare il passo assassino di chi succhia il sangue dei nostri popoli", e aggiungeva: "c'è crisi perché qualche individuo africano deposita in banche all'estero somme colossali che basterebbero a sviluppare l'Africa; i popoli si rifiutano di essere dentro Soweto e guardare Johannesburg." Non mancava, in qualche occasione, di rimproverare il suo popolo: "il nostro Paese" diceva "produce cibo sufficiente per nutrire tutti i Burkinabé, ma a causa della nostra disorganizzazione siamo obbligati a tendere la mano per ricevere aiuti alimentari, che sono un ostacolo e che introducono nelle nostre menti le abitudini del mendicante. Molta gente chiede dove sia l'imperialismo. Guardate nel piatto in cui mangiate: i chicchi di riso importato, il mais. Ecco l'imperialismo! Non c'è bisogno di guardare oltre."

Penso che il linguaggio politico di Thomas Sankara possa aiutarci a capire che non risolveremo con gli aiuti umanitari i gravissimi problemi dell'Africa. Non voglio dire che non siano importanti: sono piccoli passi per dare una mano agli altri, per uscire dal nostro egoismo, per aiutare piccole realtà locali a risollevarsi. Ma non è sufficiente se non ci impegnamo in modo realmente serio ed attivo per arrivare a dei cambiamenti politico-economici, così da permettere a questi popoli di rimettersi in piedi. Nessun continente al mondo oggi sta soffrendo tanto quanto l'Africa, che io chiamo il continente crocefisso, il continente martire. Non è giusto.

In questo momento, così tragico per questo Continente, diamoci da fare, anche a livello individuale, per far conoscere i problemi dell'Africa e per avere in Italia una politica estera seria, che non abbiamo e non abbiamo avuto negli ultimi trent'anni. Il rapporto sull'Africa della commissione inglese del Governo Blair porta il titolo *Our common interest*: è nostro interesse comune aiutare questo continente, altrimenti i problemi dell'Africa travolgeranno anche noi, i ricchi dell'Europa.

Viviamo in un unico mondo: o ci si salva insieme o insieme coleremo a picco.

Alex Zanotelli

Le donne e la siccità

«Io parlo in nome delle donne di tutto il mondo, che soffrono del sistema di sfruttamento imposto dai maschi.

Io parlo in nome delle madri dei nostri paesi, che vedono i loro bambini morire di malaria e diarrea, ignorando che esistono, per salvarli, mezzi semplici, che la scienza delle multinazionali non offre loro, preferendo investire nei laboratori di cosmetici e nella chirurgia estetica per i capricci di qualche donna la cui vanità è minacciata dall'eccesso di calorie dei suoi pasti così ricchi da dare, a noi del Sahel, le vertigini».

Era il 4 ottobre 1984 quando Thomas Sankara, allora presidente del Burkina Faso, pronunciò questa frase davanti all'Assemblea delle Nazioni Unite. Parole in cui si sottolineava la difficile condizione delle donne del sud del mondo e in particolare del suo paese che, sono sempre parole di Sankara: «è incontestabilmente uno dei pochi paesi di questo pianeta che ha il diritto di considerarsi come il concentrato di tutti i mali naturali che l'umanità ancora conosce in questa fine di ventesimo secolo».

La scarsità endemica di risorse e le siccità che hanno colpito regolarmente il Sahel a partire dai primi anni Settanta hanno condannato questo piccolo paese dell'Africa occidentale a soffrire e le donne, deboli tra i deboli, si trovano spesso in forte difficoltà.

Per esempio, nel Sahel sono le donne, più che gli uomini, a sottolineare la dipendenza dall'ambiente. In conseguenza del loro rapporto quotidiano con l'acqua, la legna e il nutrimento dei bambini, esse sono più coscienti del ruolo nefasto della pressione demografica sull'equilibrio ecologico del loro territorio. «Noi abbiamo tagliato gli alberi per nutrire i nostri figli» dice una donna del Niger, mettendo in evidenza il fatto che la desertificazione è non solo un flagello di Dio, ma soprattutto una conseguenza dell'accresciuta pressione demografica[1].

Nei dintorni di Kano (regione di Timbuctu) sono scomparsi gli alberi di *doum*, le cui foglie vengono utilizzate per costruire stuoie. La sempre maggiore richiesta di questi manufatti artigianali ha causato la completa deforestazione della zona e oggi le donne attraversano il fiume Niger in piroga per spingersi oltre 10 km nella *brousse* in cerca di altre foglie. Lo stesso avviene con le donne bellah, nel nord del Burkina Faso, costrette a spingersi molto a sud, fino a Kaya, per procurarsi le piante necessarie al loro lavoro. Spinte dalla necessità, le donne si vedono costrette ad abbandonare il loro ruolo tradizionale di conservatrici dell'ambiente. Non possedendo mezzi adatti per tagliare gli alberi più grandi, si rifanno su quelli più giovani, determinando così un inevitabile invecchiamento del parco vegetale.

E di fronte a questa situazione muta anche il rapporto con la prole, non più dispensatrice di felicità e ricchezza, ma causa di impoverimento. Una donna mossi afferma: «La popolazione aumenta e la pioggia diminuisce; ora i bambini sono un problema». Le fa eco una donna del Niger: «I bambini vedono la siccità e allora vengono più numerosi per fare soffrire i genitori[2]».

Nel centro di Ouagadougou, confusa tra le pompe e le attrezzature di una stazione di rifornimento, c'è una statua di bronzo, che raffigura una donna con un'anfora tra le mani. Con un gesto affettuoso la donna inclina l'anfora per versare inutilmente un'acqua che non c'è. La fontana è infatti quasi sempre secca ed è raro vedere lo zampillo sgorgare dalla brocca.

Il latte e la solidarietà

Le siccità hanno anche modificato le relazioni tra individui e in particolare tra uomini e donne. Presso i peul djelgobe, che abitano nel centro del Mali e nella regione settentrionale del Burkina Faso, due sono le unità domestiche fondamentali: il *wuro*, cioè l'unità abitativa al cui interno sorgono più *fayannde*, o focolari, rappresentati dalle capanne che lo compongono. Un *fayannde*, che rappresenta l'unità di base della riproduzione, è formato da una donna, la proprietaria, e dalle persone che vivono con lei e delle quali è responsabile, cioè i suoi figli.

Wuro e *fayannde* sono interdipendenti in quanto possiedono entrambi capi di bestiame propri, i quali vengono sfruttati comunemente. La gestione del bestiame, la mungitura e la compravendita dei capi spetta agli uomini, mentre sono le donne a preparare, vendere e distribuire il latte.

Per i peul il latte costituisce il collante sociale della comunità[3]. Molti eventi sociali ruotano attorno a questa bevanda, che non costituisce solo un importante fattore di alimentazione, ma assieme al bestiame determina lo status di una donna.

Al momento del matrimonio la sposa riceve un certo numero di capi di bestiame dai suoi parenti. Successivamente il marito le farà dono di altri bovini, così il suo capitale andrà via via aumentando. Una donna sposata può perciò contare su un discreto numero di animali dai quali mungere il latte. A questi si aggiungono i capi di proprietà dei suoi figli, il cui latte le appartiene di diritto fino a che questi rimangono con lei nel *fayannde*.

Attraverso lo scambio e la vendita di latte la donna crea delle reti sociali personali, dalle quali il marito è escluso. Il *fayannde* rappresenta pertanto una sorta di zona franca, che la donna si è ritagliata nel *wuro* del marito.

Le ripetute siccità degli anni '70 e '80 hanno però inciso profondamente sulle dinamiche che animavano la società peul e in particolare sul ruolo svolto dal *fayannde* al suo interno. In seguito alla penuria di risorse, molti uomini hanno abbandonato i loro villaggi per dirigersi verso sud in cerca di nuovi pascoli o di mestieri nuovi, abbandonando così le donne e i figli. Un'opzione, questa, non consentita alle donne, che sono molto più legate al codice morale della loro società a causa della responsabilità della crescita dei figli. Tale esodo ha contribuito in modo determinante a spezzare la tradizionale rete di relazioni tra le famiglie. La fuga degli uomini ha reso ancora più critica la situazione di chi è rimasto e ha costretto molte donne ad accettare matrimoni poligamici, che precedentemente avvenivano solamente per libera scelta della sposa. Molte donne hanno invece trasgredito la regola basilare dell'endogamia, unendosi in matrimonio con dei coltivatori, un fatto considerato avvilente e umiliante per i peul, ma reso necessario dalla situazione contingente: è comunque meglio sposarsi, che convivere con genitori e parenti anch'essi in stato di necessità.

L'abbandono dei villaggi da parte degli uomini ha dato il via anche a numerosi divorzi, e in tale situazione di emergenza le donne hanno intuito che l'indipendenza del *fayannde* dal *wuro* e il rafforzamento del legame con la propria madre sono indispensabili per la sopravvivenza del gruppo in momenti di scarsità.

E' difficile dire se i *fayannde* ritorneranno a rivestire quel ruolo centrale che occupavano nella tradizione. Catastrofi naturali e processi di modernizzazione hanno stravolto le regole del gioco, e il latte, che circolava nelle ciotole creando socialità, è andato versato sulla sabbia. La società peul, come quella di molti altri pastori seminomadi, è però sempre stata caratterizzata da una forma di "leggerezza" che le ha permesso di sopravvivere in situazioni quanto mai difficili e chissà che il latte non torni in futuro a essere al centro delle discussioni tra uomini e donne di un villaggio.

Al mercato

Una lunga fila di donne cammina lungo la strada. È mattino e l'aria è ancora fresca. Dalle stradine laterali arrivano altre donne. Tutte portano sul capo il loro carico: chi ha degli ignami, chi dei pomodori, chi della legna, del miglio o del riso. Le donne scherzano e chiacchierano, nonostante la fatica del camminare con quel peso sulla testa. Per arrivare al mercato mancano ancora due chilometri. Qualcuna di loro è partita da lontano. Le donne spesso percorrono fino a venti chilometri per recarsi al mercato e vendere qualcosa.

Immagini come queste sono quotidiane in Burkina Faso. Il mercato è parte essenziale della vita delle donne in Africa occidentale. In alcuni casi si tratta di commercianti di professione, ma per la maggior parte sono venditrici occasionali che tentano di vendere sul mercato un eventuale surplus del raccolto o qualche altro prodotto del loro lavoro. Il mercato è essenzialmente femminile e costituisce la croce e la delizia delle donne. Se da un lato consente di guadagnare denaro, che verrà gestito direttamente dalla donna stessa, aumentando così il suo potere contrattuale, dall'altro costituisce un ulteriore carico di lavoro, che si aggiunge alle già faticose attività quotidiane femminili.

Il commercio rivela però l'estrema vitalità e la grande capacità di reazione delle donne di fronte alle difficoltà. Per esempio, a Ouagadougou, le forniture della maggior parte dei generi sono assicurate dalle commercianti, che, individuati i generi che scarseggiano, non esitano ad andarli ad acquistare nei mercati oltre confine, sfruttando inoltre i prezzi minori dei paesi che si affacciano sul Golfo di Guinea.

Infatti, nella *gare routière* della capitale, stazionano regolarmente i *taxi brousse*, i pulmini che ogni giorno attendono le clienti per raggiungere i principali mercati oltre confine. Il Burkina Faso non ha sbocchi sul mare e le merci d'importazione arrivano fino qui dai porti del Benin, del Togo o del Ghana. Il loro costo aumenta vertiginosamente a causa del trasporto, delle imposte doganali e degli innumerevoli balzelli che gendarmi e poliziotti che sorvegliano le strade impongono ai trasportatori. Molte donne si recano perciò a Tanguieta (Benin) o a Cinkansi (Togo), appena al di là della frontiera, per acquistare vestiti e generi alimentari a prezzi inferiori, eludono in parte la dogana, cercano di pagare il meno possibile gli agenti lungo la strada e ritornano a Ouagà per rivendere, con un piccolo margine di guadagno, la loro merce.

Le rotte dei *taxi brousse* sono condizionate dalla rotazione dei mercati: oggi in Togo, domani in Ghana e così via. Si parte quando ci sono abbastanza clienti, il che significa 20-21 passeggeri, schiacciati fino all'inverosimile nei minibus Toyota, omologati per 8 persone. Ho compiuto più volte il viaggio Ouagadougou-Tanguieta in compagnia delle *petites commerçantes*, impegnate continuamente a lottare contro tasse, pedaggi e "tangenti". Un viaggio faticosissimo, snervante, ma anche una sorta di grande rappresentazione teatrale tra queste donne e i gendarmi: tutti sanno, ma non dicono e fingono. Un gioco delle parti che potrebbe apparire curioso e quasi divertente, se le attrici non fossero costrette a prendervi parte ogni giorno per poche migliaia di lire.[4]

Tontines

Chissà se il signor Alfredo Tonti, economista napoletano del XVII secolo, avrebbe mai immaginato che la sua proposta di creare delle associazioni di credito sarebbe diventata famosissima in Africa. Questo signore ha infatti dato il nome a una forma di associazione chiamata appunto *tontine*. Chiedete a una qualsiasi donna del Mali, del Senegal, del Burkina Faso, del Benin cos'è una *tontine* e sicuramente vi risponderà che si tratta di un'associazione, quasi sempre femminile, finalizzata a fornire crediti a rotazione a ciascuna delle donne che ne fanno parte.

Ho ancora vivo nella mente il ricordo di un incontro con un gruppo di donne in un villaggio del Burkina Faso, martoriato dagli ormai cronici problemi di siccità che caratterizzano le regioni saheliane. Sedute in circolo all'ombra dell'unico albero della zona c'erano una trentina di donne. Una di loro, la più anziana, teneva in mano una mazzetta di banconote sgualcite. Al suo fianco, un'altra donna scriveva con una calligrafia tonda e regolare delle cifre su un quaderno. Il sole iniziava ad avvicinarsi alla linea piatta dell'orizzonte e la scena acquistava un sapore d'altri tempi.

La donna con il denaro era la presidentessa dell'associazione. Contò più volte le banconote, poi le passò alla donna con il quaderno, che registrò puntigliosamente la somma, per poi ripassarla alla presidentessa. Questa mise le banconote a ventaglio, si alzò in piedi e iniziò a sfilare davanti alle donne sedute, contando e ricontando pubblicamente il denaro. Alla fine una delle donne si alzò dal cerchio e la presidentessa le consegnò la somma. La beneficiaria, dopo avere ringraziato pubblicamente l'anziana, rifece il giro mostrando nuovamente a tutte l'importo ricevuto.

Questa rappresentazione pubblica, in un contesto caratterizzato da un forte tasso di analfabetismo, era necessaria per assicurare la trasparenza dell'azione di credito. Il denaro ricevuto dalla donna era infatti il prodotto di un'azione comune di tutte le donne presenti.

Il sistema della *tontine* si basa su un principio piuttosto semplice e sul presupposto che in realtà come quelle dei villaggi africani, quasi nessuno dispone di un benché minimo capitale per avviare un'attività. Riunendosi e mettendo in comune il loro denaro si ottiene una somma, che verrà concessa in prestito, per una durata limitata (generalmente pochi mesi) a una delle donne del gruppo. Questa potrà così fare piccoli investimenti: acquistare agnellini e allevarli, tessuti per farne abiti, cibo per cucinarlo e così via. Con il ricavato la beneficiaria rimborserà il debito con l'associazione, mentre il resto del ricavato rimarrà a lei. Talvolta il debito viene restituito con una maggiorazione percentuale, in genere attorno al 10% che contribuisce a formare un nuovo fondo per la concessione di crediti. L'associazione allora rimetterà la nuova somma nelle mani di un'altra donna che a sua volta tenterà di farli fruttare.

Apparentemente banale questo sistema consente a moltissime donne africane di avviare piccole attività commerciali in paesi dove non esistono banche che concedano loro prestiti senza garanzie.

Oggi, in alcune città africane troviamo *tontines* che riuniscono oltre un centinaio di donne, ma nella maggior parte dei casi l'associazione si fonda su rapporti interpersonali stretti, spesso basati sul vicinato se non addirittura sulla parentela. Infatti le donne di una *tontine* in genere si conoscono tra di loro e anche grazie all'associazione stringono legami di amicizia sempre più solidi. In questo modo l'associazione non è solo un modo per guadagnare qualche denaro in più, ma anche e soprattutto per guadagnare delle amiche e delle compagne con le quali condividere le difficoltà.

Marco Aime

[1] Marie Monimart, *Femmes du Sahel*, Paris, Karthala, 1989, p. 14.
[2] M. Monimart, cit., p. 15.
[3] Mirjam De Bruijn, «The hearthhold in pastoral fulbe society, central Mali: social relations, milk and drought», Africa (London), 67, 4, 1997, p. 623.
[4] Sui mercati vedi M. Aime, *La casa di nessuno. Mercati in Africa occidentale*, Bollati Boringhieri, Torino, 2002.

s'en sortir

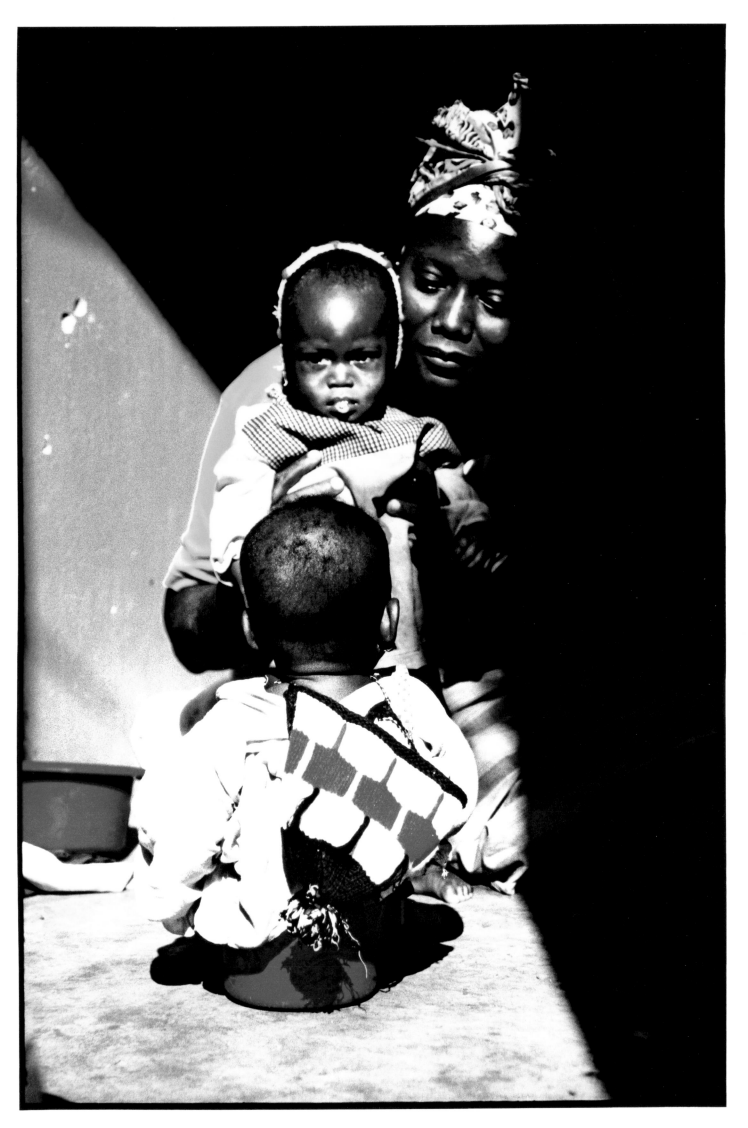

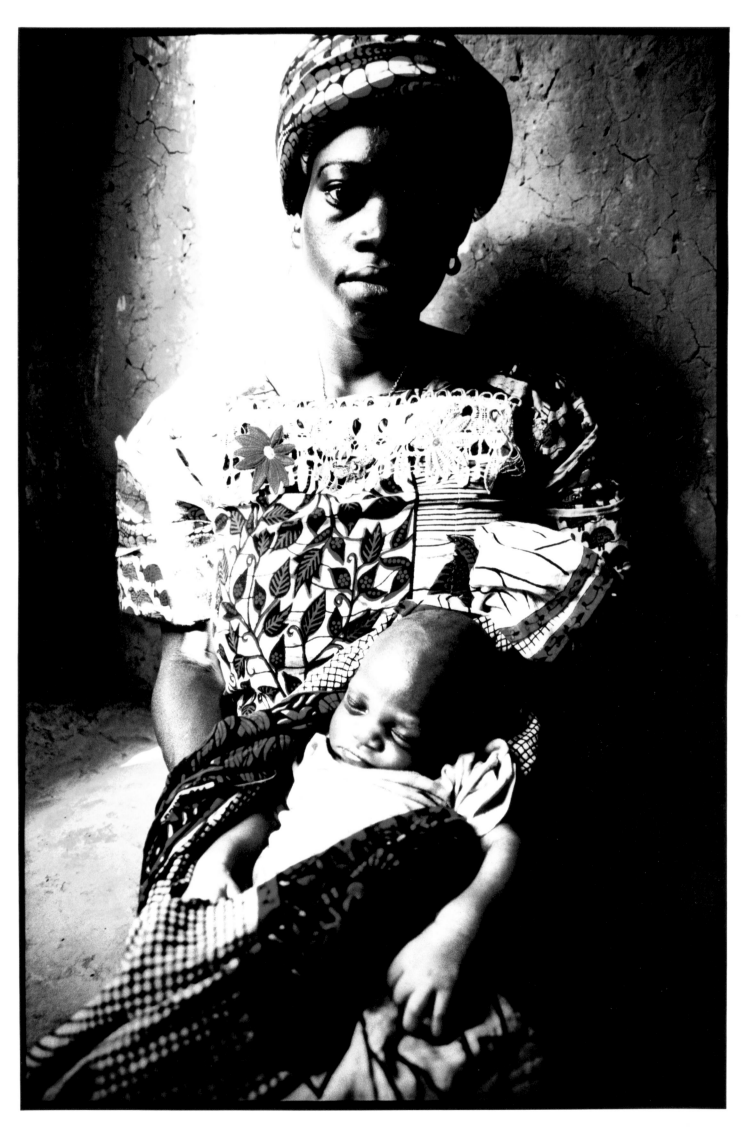

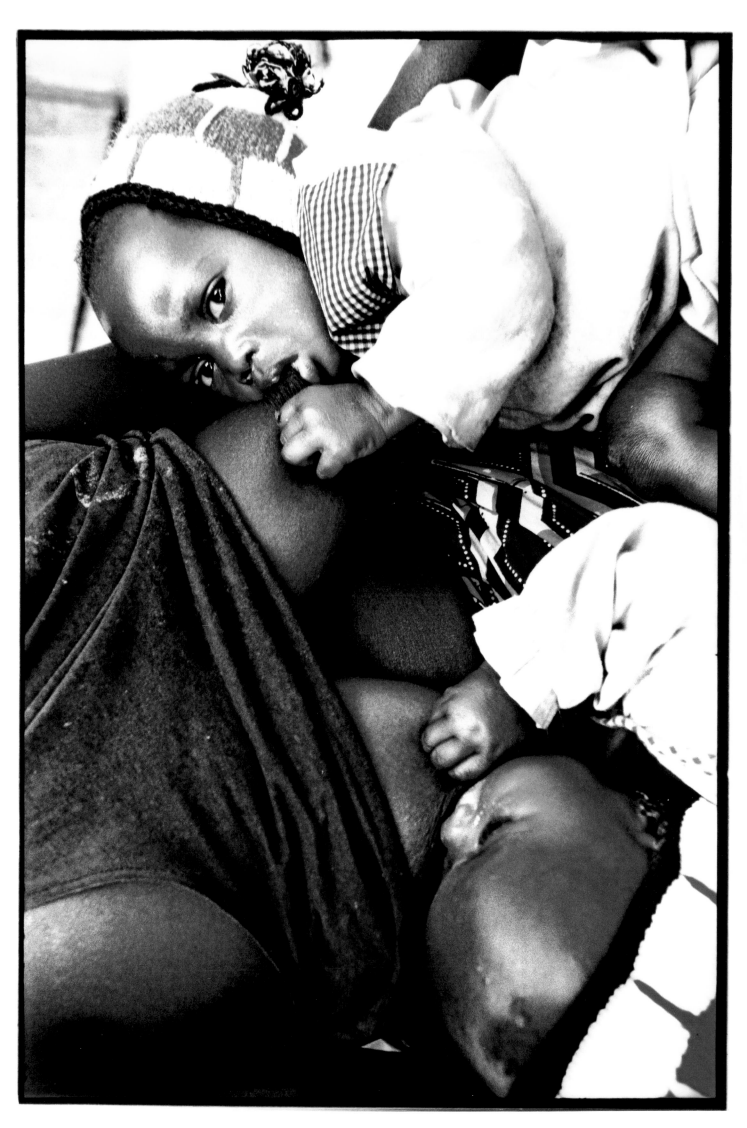

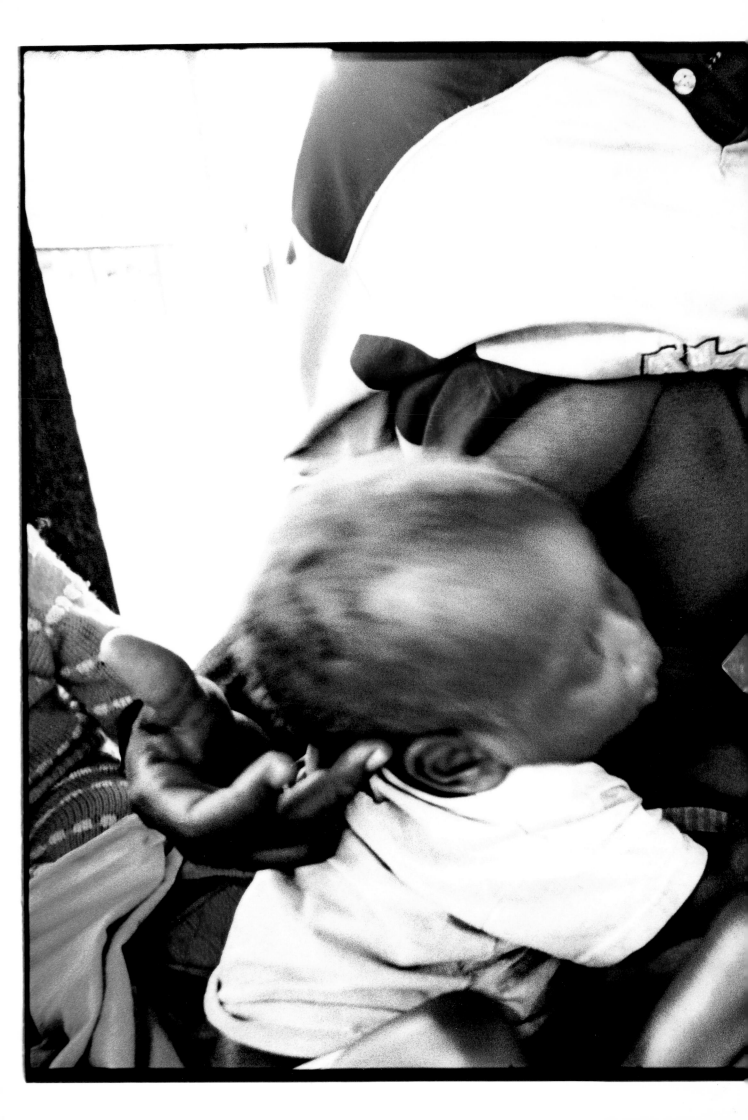

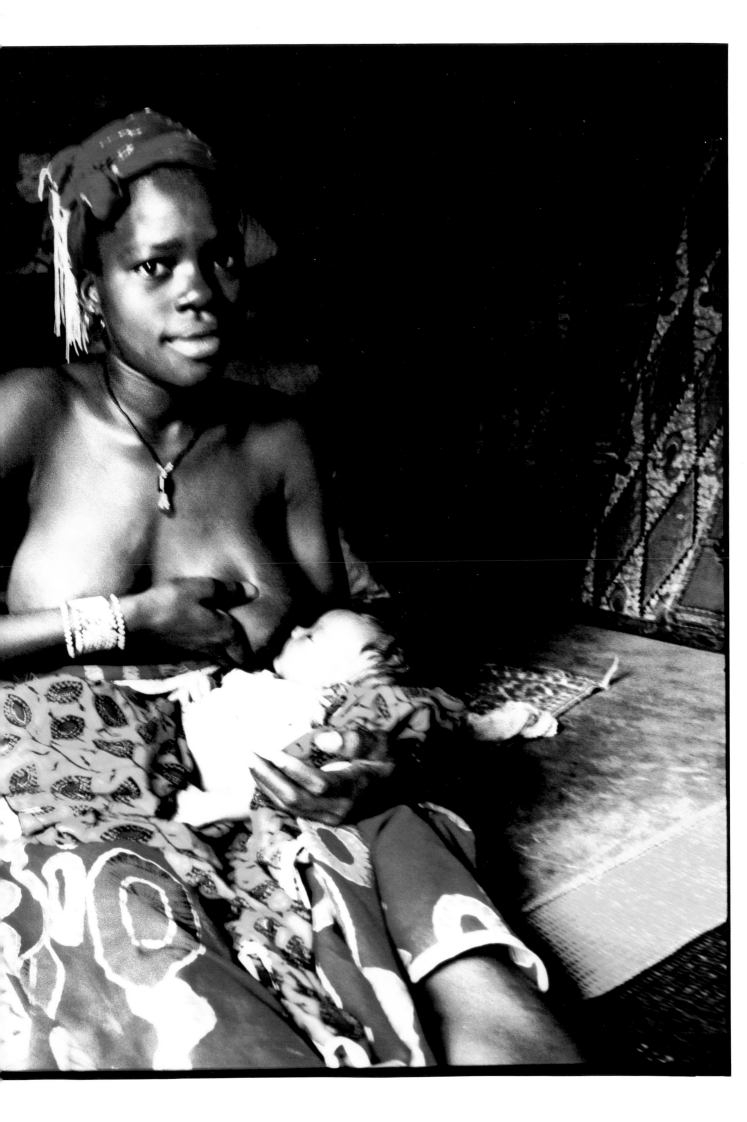

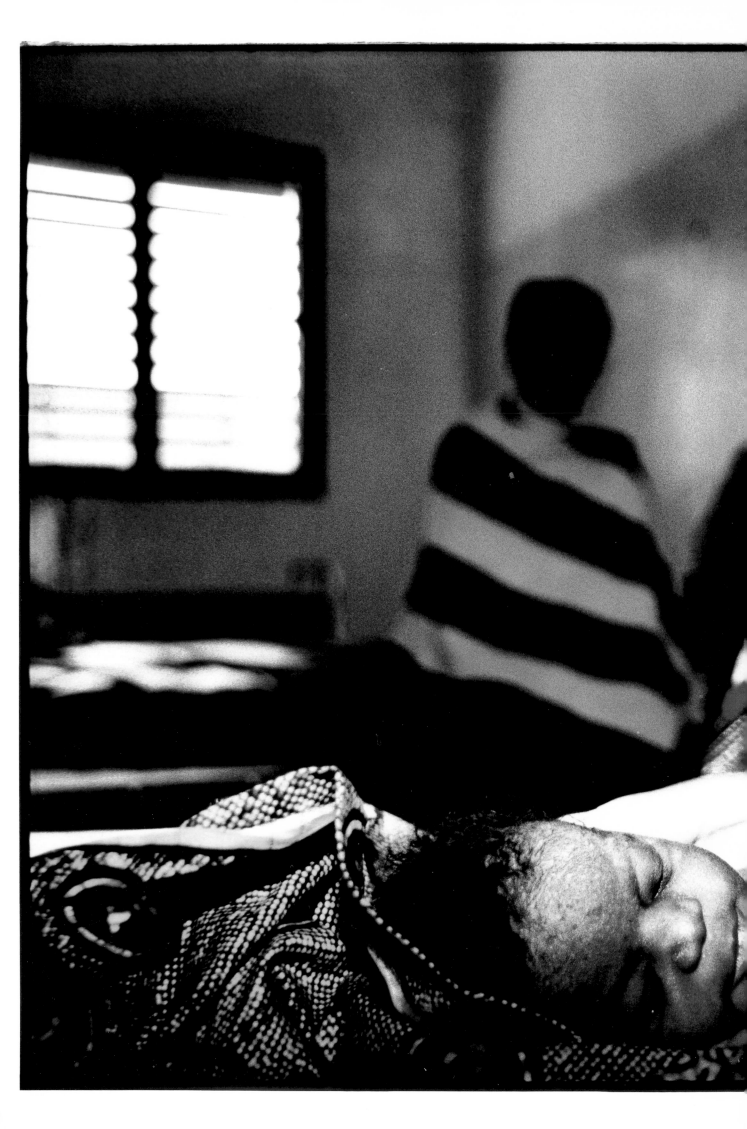

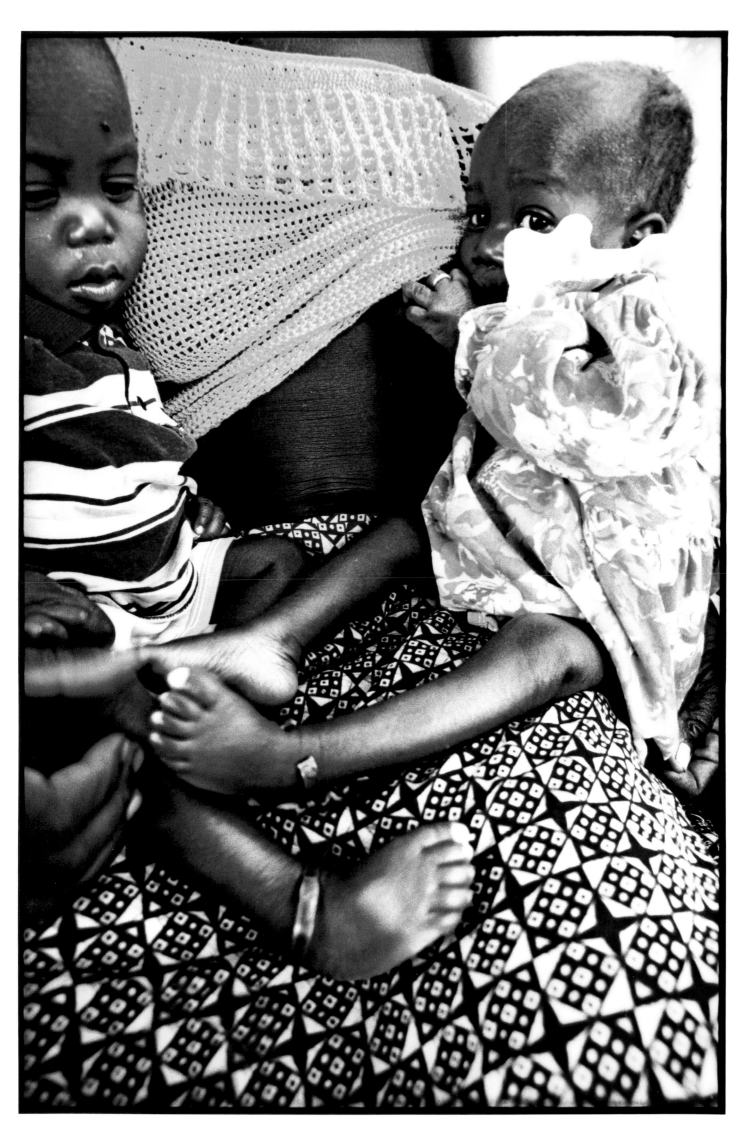

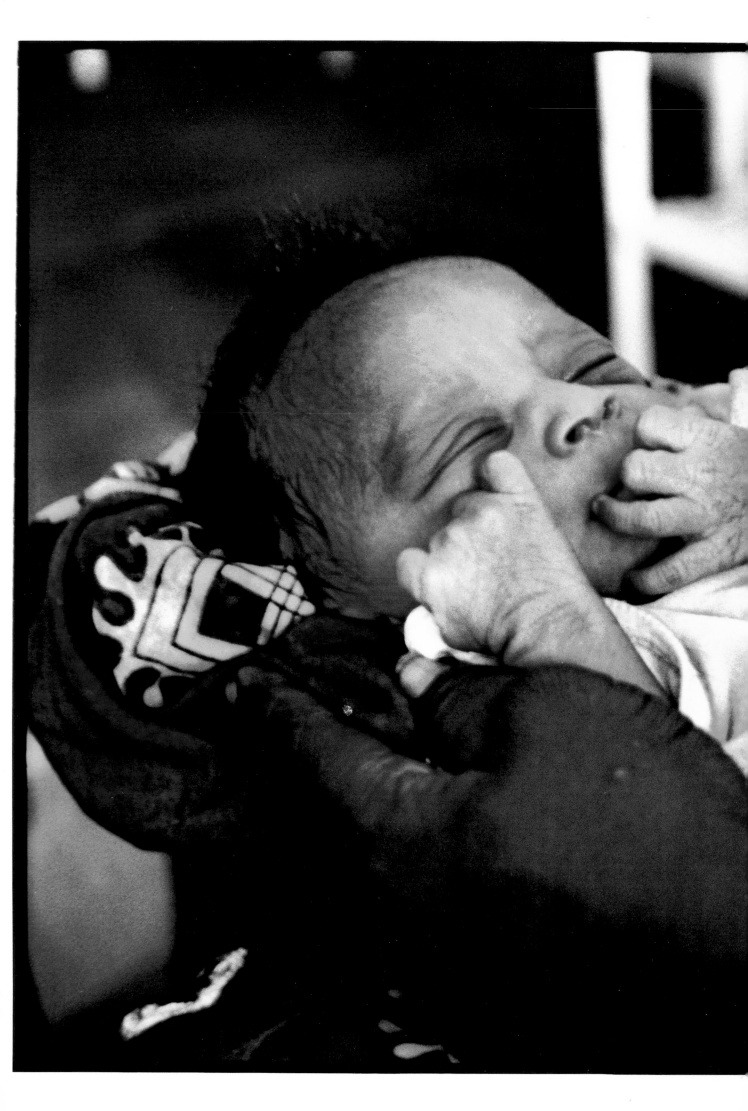

Il continente africano è, per ovvie ragioni, una delle aree geografiche dove maggiormente opera la cooperazione internazionale. Viaggiando fra i diversi Paesi dell'Africa sud-sahariana è facile imbattersi in volontari e operatori umanitari impegnati in qualche progetto di sviluppo o di emergenza. Sono frammenti di Europa e di Africa che si uniscono sul terreno delle relazioni fra popoli diversi.

Il Celim Bergamo è una ONG (Organizzazione Non Governativa) di volontariato internazionale che opera in Africa da 40 anni. Séguénéga, in Burkina Faso, è uno dei tanti esempi di progetti che si pongono come obiettivo quello di appoggiare realtà locali impegnate in prima persona nella propria crescita.

In questo caso la realtà in questione è un'associazione di donne che hanno identificato nella propria formazione e nella promozione di attività generatrici di reddito la via per migliorare la condizione della propria vita. Sono speranze e progetti che vale la pena di sostenere perché nati, cresciuti e maturati dai protagonisti unici del progresso di questo continente: gli Africani. E quando questi Africani sono un gruppo di donne che scopre che cooperando è possibile uscire dalla spirale perversa della povertà, le cose si fanno davvero possibili. Le donne sono la vera salvezza per l'Africa, la chiave di volta della comunità.

Rendere visibili tali speranze e sacrifici, non è un atto di semplice generosità, è un dovere sociale e una sfida che dobbiamo affrontare.

*Solid*Africa è un progetto a favore della popolazione locale promosso dalle associazioni *Adecuss*, che significa associazione culturale di Séguénéga, e dall'associazione femminile *Yidgri*.

L'obiettivo è quello del miglioramento delle condizioni di salute di donne e bambini attraverso percorsi formativi di medicina preventiva, curativa e di igiene domestica. I percorsi saranno gestiti in collaborazione con il distretto di salute locale e si avvarranno di docenti donne e di modalità pedagogiche adeguate e accessibili al livello di istruzione delle donne del luogo.

Consiglio direttivo associazione Yidgri, Séguénéga

Il progetto prevede una durata biennale e sarà condiviso e gestito attraverso la cooperazione del Celim Bergamo e di Adecuss che lo sosterrà con i propri formatori ed animatori.

È finito il tempo dei pietismi, quello che crediamo umanamente giusto è l'ideale di una cooperazione fra popoli diversi per cultura, ma simili per condizione umana.

A Séguénéga abbiamo deciso, insieme a tanti amici, di provarci.

Andrea Milesi
Presidente Celim Bergamo ONG

Per contribuire a sostenere il progetto SolidAfrica:
c/c postale n. 11753241 intestato a Celim Bergamo
causale: "Progetto Solidafrica -Séguénéga"

Per info:
Celim Bergamo ONG
Via Conventino, 8 - 24125 Bergamo - Tel. 800 134 347
info@celimbergamo.it - www.celimbergamo.it

Ho conosciuto l'Africa del deserto rosso, bianco e delle oasi, del Nilo e delle piramidi, delle savane e degli animali in libertà, del mare cristallino e del profumo di spezie, dell'apartheid e delle città coloniali. Poi ho letto un libro di Marco Aime che raccontava del Sahel, così mi sono lasciata condurre nella terra dei Dogon e dei Tuareg, dei mercati dalle tinte forti, del ricco artigianato e della musica.

Ma non solo: l'Africa sub-sahariana è anche una zona fra le più povere al mondo. È grande, l'Africa. E diversa nella sua unicità. Spesso si generalizza, si parla di Africa come se si parlasse di Romagna. E dire che a volte ho la sensazione che da un momento all'altro ci possa risucchiare tutti in un istante, noi del Nord del Mondo.

A Ouagadougou (Burkina Faso) ho conosciuto Cristina, infermiera volontaria di Bergamo, ed è stata lei ad accompagnarmi a Séguénéga, il villaggio di origine di suo marito Tounaba, di professione medico. Finalmente nessun turista all'orizzonte che potesse influenzare l'atteggiamento della gente: i colori, i sorrisi, le risate fragorose, la luce negli occhi delle persone, la loro forza e la loro voglia di vivere e di comunicare. Eccomi di nuovo alle prese con un sentimento forte, di piacere e di dolore, di gioia e di impotenza, di voglia di ridere, e di piangere allo stesso tempo. Quante volte, in passato, avevo avuto davanti agli occhi numeri di conti correnti di Onlus e di Ong, foto di bambini malnutriti e di donne arse dalla sete e dal caldo, immagini di bambini soldato, storie di prostitute arrivate in Europa con l'illusione di trovare un lavoro onesto per costruirsi una vita. Troppe volte.

Cristina mi ha raccontato dell'Associazione Yidgri, nata nel 2002 da un gruppo di donne di Séguénéga, e del progetto al quale stavano lavorando con impegno per far fronte alla precaria situazione della donna rurale saheliana, gravata dalla povertà, dall'analfabetismo, dalle malattie e dagli ostacoli socio-culturali. Così ho pensato che era giunto il momento di agire, di dare il mio contributo tangibile per far conoscere i problemi dell'Africa e sostenere donne che hanno avuto la forza, nonostante le barriere culturali, di unirsi per dare il loro apporto alla lotta contro le gravi difficoltà di questo Continente. Il mio modo di farlo è questo libro.

Yidgri, in lingua locale moré, significa "s'en sortir", "uscirne fuori". Attraverso il mio reportage sono entrata nella vita delle donne di Séguénéga e di Yidgri: donne lavoratrici, donne madri. Per parlare di loro, della loro forza e della loro dolcezza, del loro silenzio e della dedizione alla famiglia, del tentativo di "uscire fuori" dalla loro condizione difficile radicata in una cultura conservatrice, ma non irreversibile. Esse sono il punto di riferimento e di sostegno del nucleo familiare ma non ricevono educazione scolastica e non riescono ad essere indipendenti economicamente; fanno nascere e crescono figli fin dall'adolescenza ma non ricevono le cure necessarie per mantenersi in salute.

Tuttavia sorridono, e sanno mantenere la loro dignità di donna.

Susanna Venturi

Susanna Venturi, nata nel 1971, è socio dal 1991 dell'Associazione Cultura e Immagine di Savignano sul Rubicone (FC), la sua città, e collabora fin dai primi anni all'organizzazione di "FestivalFoto-Portfolio in Piazza". Si dedica in modo particolare al reportage, e l'Africa è la sua passione.
Collabora saltuariamente con riviste di viaggi e nel 2005 un suo reportage riceve il premio dall'Ente del Turismo di Cuba come miglior redazionale dell'anno. *Yidgri s'en sortir* è anche una mostra, itinerante per l'Italia. Attualmente, Susanna vive a Longiano (FC).

Grazie all'esempio delle donne di Yidgri ho deciso di realizzare questo libro. Ho avuto al mio fianco persone straordinarie che hanno creduto nel progetto e che mi hanno sostenuto e aiutato a portarlo a termine.

Grazie a: Marco Aime, Andrea Albertini, Enzo Baldazzi, Vincenzo Bartolini, Elena Battistini, Tounaba Belem, Nicola Bellomo, Mario Beltrambini, Jean Franco Bernucci, Pierino Buda, Silvio Canini, Manuela Carabini, Romeo Casalini, Elena Ceratti, Francesco Cito, Erika Cola, Giovanni Comandini, Giobbe Covatta, Fanta Dielbeogo, Gardenia Donadello, Monica Donini, Giovanni Esposito, Ugo Gangheri, Jader Garavina, Tiziano Gasperoni, Terzina Giorgetti, Pasquale Gentili, Gianfranco Gori, Gianfranco Miro Gori, Mara Granzotto, Massimiliano Maestri, Antonio Maroni, Luisella Meozzi, Cristina Merli, Andrea Milesi, Fabio Molari, Maria Grazia Montanari, Antonella Monzoni, Cristina Paglionico, Sandro Pascucci, Giuseppe Pazzaglia, Ettore Perazzini, Romano Pizzinelli, Giancarlo Randi (in ricordo di Rita), Cesare Ricci, Paola Sobrero, Giuliana Traverso, Lorenzo Tugnoli, Antonio Vermigli, Giuseppe Villirillo, Marco Vincenzi, Padre Alex Zanotelli; mamma, babbo e Cosetta, sempre presenti comunque vada.